RECETAS DE COCCION LENTA

2021

RECETAS SALUDABLES Y AUTENTICAS PARA PRINCIPIANTES

MARIA GONZALEZ NAVARRO

Tabla de contenido

4

5

Sopa de Verduras Mediterránea

La ralladura de naranja y las semillas de hinojo le dan a esta soleada sopa de verduras y tofu un acento fragante.

Para 6

1 litro / 1¾ pintas de caldo mediterráneo o caldo de verduras

400 g / 14 oz lata de tomates picados

225 g / 8 oz de salsa de tomate preparada

450 g / 1 libra de tofu, en cubos (2 cm / ¾ pulgadas)

175 g / 6 oz de champiñones, en rodajas

1 cebolla picada

½ pimiento verde picado

3 dientes de ajo machacados

2 tiras de ralladura de naranja

2 hojas de laurel

1 cucharadita de mejorana seca

¼ – ½ cucharadita de semillas de hinojo trituradas

sal y pimienta negra recién molida, al gusto

Combine todos los ingredientes, excepto la sal y la pimienta, en una olla de cocción lenta de 5.5 litros / 9½ pinta. Tape y cocine a temperatura baja durante 6 a 8 horas. Desecha las hojas de laurel. Sazone al gusto con sal y pimienta.

Sopa De Patatas Y Maíz Dulce

Los chiles verdes suaves, la mejorana, la mostaza y un queso cheddar maduro le dan a esta sencilla sopa vegetariana mucho sabor.

Para 4 personas

750 ml / 1¼ pintas de caldo de verduras

600 g / 1 lb 6 oz de papas, peladas y en cubos

1 cebolla picada

275 g / 10 oz de maíz dulce congelado, descongelado

100 g / 4 oz de chiles verdes suaves picados de un frasco, escurridos

1 hoja de laurel

½ cucharadita de mostaza seca en polvo

½ cucharadita de mejorana seca

450 ml / ¾ pinta de leche semidesnatada

3 cucharadas de harina de maíz

75 g / 3 oz de queso curado rallado

sal y pimienta blanca, al gusto

cebolletas cortadas, para decorar

Combine todos los ingredientes, excepto la leche, la harina de maíz, el queso, la sal y la pimienta, en la olla de cocción lenta. Tape y cocine a temperatura baja durante 6 a 8 horas. Agregue la leche y la harina de maíz combinadas, revolviendo durante 5 minutos. Desecha la hoja de laurel. Agrega el queso, revolviendo hasta que se derrita. Sazone al gusto con sal y pimienta. Adorne cada plato de sopa con cebollino.

Sopa de Verduras Francesa con Pistou

*Pistou, la versión francesa del pesto italiano, le da un impulso
animado a esta sopa. ¡Buen provecho!*

Para 4 personas

400 ml / 14 fl oz de caldo de verduras

400 g / 14 oz lata cannellini o judías verdes, escurridas y enjuagadas

150 g / 5 oz de frijoles franceses, cortados en trozos cortos

350 g / 12 oz pequeños floretes de coliflor

175 g / 6 oz de calabacines, en cubos

175 g / 6 oz de papas, peladas y cortadas en cubos

2 zanahorias, en rodajas finas

3 tomates ciruela, picados en trozos grandes

4 cebolletas, en rodajas

100 g / 4 oz de macarrones de codo cocidos

Pistou

sal y pimienta negra recién molida, al gusto

Combine todos los ingredientes, excepto los macarrones, Pistou,
sal y pimienta, en la olla de cocción lenta. Tape y cocine a
temperatura baja durante 6 a 8 horas, agregando los macarrones y
el Pistou durante los últimos 15 minutos. Sazone al gusto con sal y
pimienta.

Sopa picante de Monterey con pasta

Una marca vegetariana de queso americano suave llamada Monterey Jack va bien con esta abundante sopa de chile, pero puede usar un queso cheddar suave si lo prefiere.

Para 4 personas

400 g / 14 oz lata de frijoles pintos, escurridos y enjuagados

400 g / 14 oz lata de tomates picados

1 cebolla picada

½ pimiento verde picado

½ – 1 cucharada de chile en polvo

1 cucharadita de orégano seco

1 cucharadita de cacao en polvo

50 g / 2 oz de pasta pequeña para sopa, cocida

15 g / ½ oz de cilantro fresco picado

sal y pimienta negra recién molida, al gusto

75 g / 3 oz Monterey Jack o queso Cheddar suave, rallado

Combine todos los ingredientes, excepto la pasta, el cilantro, la sal, la pimienta y el queso, en la olla de cocción lenta. Tape y cocine a temperatura baja durante 6 a 8 horas, agregando la pasta y el cilantro fresco durante los últimos 30 minutos. Sazone al gusto con sal y pimienta. Espolvorea cada tazón de chile con queso.

Sopa de fideos asiáticos con jengibre

Los sabores asiáticos ligeros y fragantes se funden en esta tentadora sopa.

Para 4 personas

1 litro / 1¾ pintas de caldo de verduras

75 g / 3 oz de champiñones de tapa marrón, en rodajas

1 cebolla picada

1 zanahoria pequeña, en rodajas

2 cebolletas, en rodajas finas

1 cm / ½ en trozo de jengibre fresco de raíz, finamente rallado

1 diente de ajo machacado

1 cucharada de salsa de soja

una pizca de hojuelas de chile seco

1-2 cucharaditas de vinagre de vino de arroz

75 g / 3 oz de hojas tiernas de espinaca

150 g / 5 oz de tirabeques

1 cucharadita de aceite de sésamo tostado

sal al gusto

100 g / 4 oz de fideos de celofán

Combine todos los ingredientes, excepto las espinacas, los tirabeques, el aceite de sésamo, la sal y los fideos, en la olla de cocción lenta. Tape y cocine a temperatura baja durante 4 a 6 horas, agregando las espinacas y los tirabeques durante los últimos 15 minutos. Agrega el aceite de sésamo. Sazone al gusto con sal.

Vierta agua hirviendo sobre los fideos para cubrirlos en un tazón grande. Dejar reposar 5 minutos y escurrir. Coloque los fideos en tazones y vierta la sopa caliente.

Sopa Campesina Alsaciana

Las verduras de raíz, el repollo y los frijoles se combinan para obtener una sopa robusta que es casi un guiso. Sirve con pan de centeno crujiente y una buena cerveza.

Para 6

750 ml / 1¼ pintas de caldo de verduras

2 latas de 400 g / 14 oz de frijoles cannellini, escurridos y enjuagados

225 g / 8 oz de repollo en rodajas finas

175 g / 6 oz de papa, pelada y en cubos

150 g / 5 oz de chirivía, en rodajas

1 zanahoria grande, en rodajas

1 cebolla picada

1 rama de apio picado

1 cucharadita de tomillo seco

½ cucharadita de semillas de alcaravea, trituradas

1 hoja de laurel

sal y pimienta negra recién molida, al gusto

75 g / 3 oz de queso Emmental o Gruyère, rallado

Croûtons crujientes, para decorar

Combine todos los ingredientes, excepto la sal, la pimienta y el queso, en una olla de cocción lenta de 5.5 litros / 9½ pinta. Tape y cocine a temperatura baja durante 6 a 8 horas. Desecha la hoja de laurel. Sazone al gusto con sal y pimienta. Espolvorea cada plato de sopa con 2 cucharadas de queso rallado y unos Croûtons crujientes.

Sopa de Tortellini con Col Rizada

La pasta fresca, como los tortellini que se usan aquí, se puede cocinar en la olla de cocción lenta si hay suficiente caldo y si se agrega cerca del final del tiempo de cocción.

Para 8 porciones

2,75 litros / 4¾ pintas Caldo de verduras asadas o caldo de verduras

75 g / 3 oz de champiñones, en rodajas

100 g / 4 oz de puerro (solo la parte blanca) u 8 cebolletas, en rodajas

3 dientes de ajo machacados

250 g / 9 oz de tortellini de hierbas o champiñones frescos

100 g / 4 oz de col rizada, picada en trozos grandes

sal y pimienta negra recién molida, al gusto

Combine el caldo, los champiñones, el puerro y el ajo en una olla de cocción lenta de 5.5 litros / 9½ pinta. Tape y cocine a temperatura baja durante 6 a 8 horas. Agrega los tortellini y la col rizada. Tape y cocine hasta que los tortellini floten en la parte superior de la sopa, aproximadamente 40 minutos. Sazone al gusto con sal y pimienta.

Sopa de espinacas y tortellini

Un toque de nuez moscada y una pizca de limón resaltan el sabor de las espinacas en esta inusual combinación de verduras con tortellini frescos. Los ravioles vegetarianos frescos también funcionarían bien.

Para 6

900 ml / 1½ pintas de caldo de verduras

375 ml / 13 fl oz de agua

2 zanahorias grandes en rodajas

2 cebolletas, en rodajas

2 dientes de ajo machacados

1 cucharadita de albahaca seca

250 g / 9 oz de tortellini de tomate y queso frescos, cocidos

225 g / 8 oz de hojas de espinaca, desgarradas

2-3 cucharaditas de jugo de limón

¼ de cucharadita de nuez moscada recién rallada

sal y pimienta negra recién molida, al gusto

Combine el caldo, el agua, las verduras, el ajo y la albahaca en una olla de cocción lenta de 5,5 litros / 9½ pinta. Tape y cocine a temperatura baja durante 6 a 8 horas, agregando los tortellini y las espinacas durante los últimos 30 minutos. Sazone al gusto con jugo de limón, nuez moscada, sal y pimienta.

Sopa Ditalini con Judías y Verduras

La pasta y los frijoles son compañeros familiares y tienen un sabor maravilloso en esta deliciosa sopa vegetariana, con su toque de Tabasco y verduras frescas. La col rizada o el repollo se pueden sustituir por las verduras de primavera.

Para 4 personas

400 ml / 14 fl oz de caldo de verduras
400 g / 14 oz lata de judías verdes, escurridas y enjuagadas
400 g / 14 oz lata de tomates picados
1 cucharadita de aceite de oliva
2 cebollas picadas
1 cucharadita de orégano seco
200 g / 7 oz de hojas verdes primaverales, desgarradas
75 g / 3 oz de ditalini
2 cucharadas de queso provolone rallado
sal y salsa tabasco, al gusto

Combine todos los ingredientes, excepto las verduras de primavera, el ditalini, el queso, la sal y la salsa Tabasco, en la olla de cocción lenta. Tape y cocine a temperatura baja durante 6 a 8 horas, agregando las hojas verdes de primavera y el ditalini durante los últimos 40 minutos. Agregue el queso provolone. Sazone al gusto con sal y salsa Tabasco.

Pasta e Fagioli

Quizás la única sopa que es mejor que esta pasta e fagioli es la misma sopa al día siguiente. Si lo prepara con un día de anticipación, espere para agregar la pasta hasta justo antes de servirla.

Sirve 12 como primer plato

2,5 litros / 4¼ pintas de agua

350 g / 12 oz de frijoles cannellini secos

450 g / 1 lb de tomates, pelados, sin semillas y picados

2 cebollas picadas

1 rama de apio, cortada en cubitos

1 zanahoria pequeña, cortada en cubitos

4 dientes de ajo grandes, triturados

150 g / 5 oz de macarrones cocidos, cocidos

sal y pimienta negra recién molida, al gusto

queso parmesano recién rallado, para decorar

Combine todos los ingredientes, excepto la pasta, la sal, la pimienta y el queso parmesano, en una olla de cocción lenta de 5.5 litros / 9½ pinta. Tape y cocine a fuego lento hasta que los frijoles estén tiernos, 7-8 horas, agregando la pasta durante los últimos 20 minutos. Sazone al gusto con sal y pimienta. Espolvorea cada plato de sopa con queso parmesano.

Minestrone vegetal verde

Esta sopa verde es maravillosa en primavera, cuando los espárragos y los guisantes frescos están en temporada, ¡pero hágalo cuando tenga ganas de una deliciosa sopa!

Para 6

1,5 litros / 2½ pintas de caldo de verduras

2 latas de 400 g / 14 oz de frijoles cannellini, escurridos y enjuagados

250 g / 9 oz de calabacines, en rodajas

250 g / 9 oz pequeños floretes de brócoli

200 g / 7 oz de espárragos, cortados en trozos de 2,5 cm / 1

2 cebollas, en rodajas finas

150 g / 5 oz de frijoles franceses, cortados en trozos cortos

2 cucharadas de albahaca fresca picada o 2 cucharaditas secas

2 cucharadas de albahaca fresca y romero picada, o 2 cucharaditas secas

2 dientes de ajo grandes

50 g / 2 oz de fettuccine de espinacas, partidas en trozos de 2,5 cm / 1, cocidas

100 g / 4 oz de guisantes frescos o congelados descongelados

sal y pimienta negra recién molida, al gusto

queso parmesano recién rallado, para decorar

Combine todos los ingredientes, excepto el fettuccine, los guisantes, la sal y la pimienta, en una olla de cocción lenta de 5.5 litros / 9½ pinta. Tape y cocine a temperatura baja durante 6 a 8 horas, agregando el fettuccine y los guisantes durante los últimos 20 minutos. Sazone al gusto con sal y pimienta. Espolvorea cada plato de sopa con queso parmesano.

Minestrone de dos frijoles

Los frijoles cannellini y los garbanzos enriquecen esta nutritiva sopa.

Para 8 porciones

1,5 litros / 2½ pintas de agua

400 g / 14 oz lata de frijoles cannellini, escurridos y enjuagados

400 g / 14 oz lata de garbanzos, escurridos y enjuagados

400 g / 14 oz lata de tomates pera, picados en trozos grandes, con jugo

120 ml / 4 fl oz de vino tinto seco

175 g / 6 oz de calabacines, en rodajas

175 g / 6 oz de repollo, en rodajas finas

175 g / 6 oz de papa, pelada y cortada en cubitos

100 g / 4 oz de puerro, en rodajas

1 zanahoria pequeña, en rodajas

1 rama de apio, en rodajas

1 cebolla picada

25 g / 1 oz de perejil fresco picado

2 dientes de ajo machacados

1 cucharada de orégano seco

1 cucharada de albahaca seca

50 g / 2 oz de macarrones pequeños cocidos, cocidos

sal y pimienta negra recién molida, al gusto

8 cucharaditas de queso parmesano recién rallado, para decorar

Combine todos los ingredientes, excepto los macarrones, la sal y la pimienta, en una olla de cocción lenta de 5.5 litros / 9½ pinta. Tape y cocine a temperatura alta durante 4-5 horas, agregando los macarrones durante los últimos 20 minutos. Sazone al gusto con sal y pimienta. Espolvoree cada plato de sopa con 1 cucharadita de queso parmesano.

Sopa de frijoles italianos

Para obtener una sopa de textura cremosa, triture la mitad de la mezcla de frijoles cocidos antes de agregar los macarrones y los garbanzos.

Para 6

1,5 litros / 2½ pintas de caldo de verduras

1 litro / 1¾ pintas de agua

175 g / 6 oz de judías cannellini o judías secas

2 cebollas picadas

1 pimiento verde picado

1 zanahoria grande, picada

1 rama de apio picado

2 dientes de ajo machacados

1 cucharadita de albahaca seca

1 cucharadita de orégano seco

¼ de cucharadita de mostaza seca en polvo

225 g / 8 oz de salsa de tomate preparada

50 g / 2 oz de macarrones de codo integrales, cocidos

400 g / 14 oz lata de garbanzos, escurridos y enjuagados

sal y pimienta negra recién molida, al gusto

Combine todos los ingredientes, excepto la salsa de tomate, los macarrones, los garbanzos, la sal y la pimienta, en una olla de cocción lenta de 5.5 litros / 9½ pinta. Tape y cocine a fuego lento hasta que los frijoles estén tiernos, de 7 a 8 horas, agregando la salsa de tomate, los macarrones y los garbanzos durante los últimos 20 minutos. Sazone al gusto con sal y pimienta.

Minestrone de verano

Densa y sabrosa, esta sopa tradicional italiana siempre es popular.

Para 8 porciones

1 litro / 1¾ pintas de caldo de verduras

450 ml / ¾ pinta de agua

400 g / 14 oz lata de frijoles rojos, escurridos y enjuagados

400 g / 14 oz de tomates en lata

350 g / 12 oz de papas, peladas y cortadas en cubos

2 zanahorias grandes, en rodajas

150 g / 5 oz de frijoles franceses, cortados por la mitad

130 g / 4½ oz de calabacines, en rodajas

100 g / 4 oz de repollo, en rodajas

2 cebollas picadas

1 rama de apio, en rodajas

3-4 dientes de ajo, triturados

2 cucharaditas de condimento de hierbas italianas secas

175 g / 6 oz de macarrones cocidos

sal y pimienta negra recién molida, al gusto

2 cucharadas de queso parmesano o romano recién rallado, para decorar

Combine todos los ingredientes, excepto la pasta, la sal y la pimienta, en una olla de cocción lenta de 5.5 litros / 9½ pinta. Tape y cocine a temperatura baja durante 6 a 8 horas, agregando la pasta durante los últimos 20 minutos. Sazone al gusto con sal y pimienta. Espolvorea cada plato de sopa con queso parmesano.

Sopa de frijoles toscanos

Esta abundante sopa de frijoles bien sazonada con papa y cebada es una comida familiar satisfactoria.

Para 8 porciones

1,6 litros / 2¾ pintas de caldo de verduras

2 latas de 400 g / 14 oz cannellini o judías verdes, escurridas y enjuagadas

175 g / 6 oz de papa, sin pelar y en cubos

1 zanahoria grande, en rodajas

2 cebollas picadas

1 rama de apio picado

½ pimiento verde picado

2 dientes de ajo, asados si es posible, triturados

2 cucharadas de puré de tomate

1½ cucharadita de condimento de hierbas italianas secas

90 g / 3½ oz de cebada perlada

75 g / 3 oz de hojas tiernas de espinaca

sal y pimienta negra recién molida, al gusto

Combine todos los ingredientes, excepto la cebada, las espinacas, la sal y la pimienta, en una olla de cocción lenta de 5.5 litros / 9½ pinta. Tape y cocine a temperatura baja durante 6 a 8 horas, agregando la cebada y las espinacas durante los últimos 30 minutos. Sazone al gusto con sal y pimienta.

Sopa de frijol negro

Los frijoles secos se pueden cocinar en una olla de cocción lenta sin remojar, lo que ahorra tiempo de preparación por adelantado.

Para 4 personas

250 g / 9 oz de frijoles negros secos, enjuagados

1,5 litros / 2½ pintas de agua

1 cebolla grande picada

4 dientes de ajo machacados

1 cucharadita de orégano seco

½ cucharadita de tomillo seco

1 tomate grande, picado

sal y pimienta negra recién molida, al gusto

6 cucharadas de crema agria

orégano o perejil picado, para decorar

Combine los frijoles, el agua, la cebolla, el ajo y las hierbas en la olla de cocción lenta. Tape y cocine a fuego lento hasta que los frijoles estén tiernos, 7-8 horas, agregando el tomate durante los últimos 30 minutos. Procese la sopa en un procesador de alimentos o licuadora hasta que quede suave. Sazone al gusto con sal y pimienta. Cubra cada plato de sopa con una cucharada de crema agria y espolvoree con orégano o perejil.

Sopa De Garbanzos Y Pasta

Use verduras frescas en lugar de calabacines y apio en esta sopa: zanahorias, coliflor o floretes de brócoli, champiñones, guisantes y frijoles franceses son posibles opciones.

Para 4 personas

400 ml / 14 fl oz de caldo de verduras,

400 g / 14 oz lata de garbanzos, escurridos y enjuagados

400 g / 14 oz de tomates en lata

2 cebollas pequeñas picadas

250 g / 9 oz de calabacines, en cubos

1 rama de apio grande, en rodajas

3-4 dientes de ajo, triturados

1 cucharadita de romero seco

1 cucharadita de tomillo seco

una pizca de hojuelas de chile triturado

100 g / 4 oz de farfalle

2-3 cucharaditas de jugo de limón

sal al gusto

Combine todos los ingredientes, excepto la pasta, el jugo de limón y la sal, en la olla de cocción lenta. Tape y cocine a temperatura baja durante 6 a 8 horas, agregando la pasta durante los últimos 20 minutos. Sazone al gusto con jugo de limón y sal.

Sopa de Dos Frijoles y Pasta

Esta sopa sustancial se espesa al estar de pie. Diluir con caldo adicional o agua, si es necesario.

Para 6

900 ml / 1½ pintas de caldo de verduras

250 ml / 8 fl oz de agua

400 g / 14 oz de tomates en lata

400 g / 14 oz lata de frijoles cannellini, escurridos y enjuagados

400 g / 14 oz lata de frijoles pintos, escurridos y enjuagados

2 zanahorias en cubos

½ pimiento verde picado

4 cebolletas, en rodajas

3 dientes de ajo machacados

2 cucharaditas de albahaca seca

2 cucharaditas de orégano seco

100 g / 4 oz de rigatoni, cocido

2-3 cucharaditas de jugo de limón

sal y pimienta negra recién molida, al gusto

Combine todos los ingredientes, excepto la pasta, el jugo de limón y la sal, en una olla de cocción lenta de 5.5 litros / 9½ pinta. Tape y cocine a temperatura baja durante 6 a 8 horas, agregando la pasta durante los últimos 30 minutos. Sazone al gusto con jugo de limón, sal y pimienta.

Sopa de alubias y camote con coulis de arándanos

Esta sopa suave y dulce con sabor a jengibre sabe muy bien con un remolino de coulis de arándano agrio.

Para 6

750 ml / 1¼ pintas de caldo de verduras

2 latas de 400 g / 14 oz de judías verdes o judías cannellini, escurridas y enjuagadas

450 g / 1 lb de batatas, peladas y cortadas en cubos

2 cebollas picadas

1 tarta de manzana pelada y picada

2 cm / ¾ en raíz de jengibre fresco, finamente rallado

½ cucharadita de mejorana seca

sal y pimienta blanca, al gusto

Coulis de arándano (ver más abajo)

Combine todos los ingredientes, excepto la sal, la pimienta blanca y el Coulis de arándanos, en una olla de cocción lenta de 5.5 litros / 9½ pinta. Cubra y cocine a temperatura baja durante 7 a 9 horas. Procese la sopa en un procesador de alimentos o licuadora hasta que quede suave. Sazone al gusto con sal y pimienta blanca. Remueve 2 cucharadas de Coulis de arándano rojo en cada plato de sopa.

Coulis de arándano

Recuerde dejar tiempo para que los arándanos se descongelen, si los usa congelados.

Para 6 personas como acompañamiento

175 g / 6 oz de arándanos frescos o congelados descongelados
250 ml / 8 fl oz de jugo de naranja
2 cucharadas de azúcar
2 cucharadas de miel

Calentar los arándanos y el jugo de naranja a ebullición en una cacerola pequeña. Reduzca el fuego y cocine a fuego lento, tapado, hasta que los arándanos estén tiernos, de 5 a 8 minutos. Procese con el azúcar y la miel en un procesador de alimentos o licuadora hasta que esté casi suave.

Sopa picante de tres frijoles

El sabor picante de la barbacoa de este plato es una buena salida de las sopas de frijoles habituales.

Para 6

2,25 litros / 4 pintas de agua

75 g / 3 oz de guisantes de ojo negro secos, enjuagados

75 g / 3 oz de habichuelas pequeñas

75 g / 3 oz de frijoles cannellini

1 cebolla picada

1 zanahoria pequeña, en rodajas

1 rama de apio, en rodajas

1 diente de ajo machacado

una pizca de clavo molido

1 hoja de laurel

½ cucharadita de mostaza seca en polvo

½ cucharadita de chile en polvo

¼ de cucharadita de semillas de apio molidas

¼ de cucharadita de tomillo seco

¼ de cucharadita de pimentón

¼ de cucharadita de pimienta negra

400 g / 14 oz de salsa de tomate preparada

1-2 cucharadas de azúcar morena

1 cucharada de vinagre de sidra

1 cucharada de melaza negra clara

sal y pimienta de cayena, al gusto

Combine todos los ingredientes, excepto la salsa de tomate, el azúcar morena, el vinagre, la melaza negra, la sal y la pimienta de cayena, en la olla de cocción lenta. Tape y cocine a fuego lento hasta que los frijoles estén tiernos, de 7 a 8 horas, agregando los ingredientes restantes, excepto la sal y la pimienta de cayena, durante los últimos 30 a 45 minutos. Desecha la hoja de laurel. Sazone al gusto con sal y pimienta de cayena.

Sopa de frijoles con muchas guarniciones

Colorido y delicioso con una variedad de sabores y texturas.

Para 4 personas

250 g / 9 oz de frijoles negros secos, enjuagados

1,5 litros / 2½ pintas de agua

1 cebolla grande picada

4 dientes de ajo machacados

1 cucharadita de orégano seco

½ cucharadita de tomillo seco

1 tomate grande, picado

1 cucharada de jerez seco

1 cucharada de salsa de soja

1 cucharada de vinagre balsámico

sal y pimienta negra recién molida, al gusto

6 cucharadas de crema agria

aguacate en cubos, cebolletas en rodajas, semillas de calabaza tostadas y rodajas de lima, para decorar

Combine los frijoles, el agua, la cebolla, el ajo y las hierbas en la olla de cocción lenta. Tape y cocine a fuego lento hasta que los frijoles estén tiernos, de 7 a 8 horas, agregando el tomate, el jerez, la salsa de soja y el vinagre balsámico durante los últimos 30 minutos. Sazone al gusto con sal y pimienta. Cubra cada plato de sopa con una cucharada de crema agria y espolvoree con las guarniciones.

Sopa de Frijoles Negros con Tomates Secados al Sol y Crema de Cilantro y Limón

La crema de cilantro y limón agrega un acento fresco a este picante favorito.

Para 4 personas

750 ml / 1¼ pintas de caldo de verduras
2 latas de 400 g / 14 oz de frijoles negros, escurridos y enjuagados
2 cebollas picadas
2 dientes de ajo machacados
1 jalapeño u otra guindilla medianamente picante, finamente picada
20 g / ¾ oz de tomates secados al sol (no en aceite), a temperatura ambiente
¾ cucharadita de comino molido
¾ cucharadita de orégano seco
¼ – ½ cucharadita de salsa Tabasco
sal y pimienta negra recién molida, al gusto
15 g / ½ oz de cilantro fresco, picado
Crema de cilantro y limón (ver más abajo), para decorar

Combine todos los ingredientes, excepto la salsa Tabasco, la sal, la pimienta y el cilantro fresco, en la olla de cocción lenta. Tape y cocine a temperatura baja durante 6 a 8 horas. Procese la sopa en un procesador de alimentos o licuadora hasta que quede suave. Sazone al gusto con salsa Tabasco, sal y pimienta. Agregue el cilantro fresco. Adorne cada plato de sopa con cucharadas de cilantro y crema de limón.

Crema de cilantro y limón

Una guarnición ligeramente picante para mezclar en guisos picantes.

Para 4 personas como acompañamiento

75 ml / 2½ fl oz de crema agria
2 cucharadas de cilantro fresco finamente picado
1 cucharadita de jugo de limón o lima
¾ cucharadita de cilantro molido
2-3 pizcas de pimienta blanca

Combina todos los ingredientes.

Sopa de frijoles campestres

Los frijoles de mantequilla tienen una textura harinosa encantadora
que va bien en una sopa de verduras.

Para 4 personas

1 litro / 1¾ pintas de caldo de verduras
400 g / 14 oz lata de tomates picados
400 g / 14 oz lata de habas de mantequilla, escurridas y enjuagadas
2 cebollas picadas
1 puerro, en rodajas
1 zanahoria grande, picada
2 dientes de ajo machacados
¾ cucharadita de orégano seco
¼ de cucharadita de tomillo seco
sal y pimienta negra recién molida, al gusto
100 g / 4 oz de queso cheddar rallado
cilantro fresco picado, para decorar

Combine todos los ingredientes, excepto la sal, la pimienta y el
queso, en la olla de cocción lenta. Cubra y cocine a temperatura
alta durante 4 a 5 horas. Sazone al gusto con sal y pimienta.
Espolvoree cada plato de sopa con queso y cilantro fresco.

Sopa Ancho de Frijoles Negros y Calabaza

Una excelente manera de usar tus calabazas de cosecha propia.

Para 4 personas

750 ml / 1¼ pintas de caldo de verduras

2 latas de 400 g / 14 oz de frijoles negros, escurridos y enjuagados

2 cebollas picadas

2 dientes de ajo machacados

¾ cucharadita de comino molido

¾ cucharadita de orégano seco

1 jalapeño u otra guindilla medianamente picante, finamente picada

1 guindilla medianamente picante

400 g / 14 oz de calabaza o zapallo cocidos

¼ – ½ cucharadita de salsa Tabasco

sal y pimienta negra recién molida, al gusto

15 g / ½ oz de cilantro fresco, picado

Combine el caldo, los frijoles negros, las cebollas, el ajo, el comino y el orégano en la olla de cocción lenta. Caliente ambos chiles en una sartén seca a fuego medio hasta que se ablanden. Retire los chiles y deseche las venas y semillas. Haga puré con la calabaza o calabaza cocida, luego agregue a la olla de cocción lenta. Tape y cocine a temperatura baja durante 6 a 8 horas. Procese la sopa en un procesador de alimentos o licuadora hasta que quede suave.

Sazone al gusto con salsa Tabasco, sal y pimienta. Sirva adornado con cilantro.

Sopa Cubana De Frijoles Negros

El auténtico y picante sabor caribeño es una gran recompensa por hacer esta sopa.

Para 8 porciones

350 g / 12 oz de frijoles negros secos, enjuagados

2,25 litros / 4 pintas de agua

3 cebollas medianas, picadas

3 dientes de ajo machacados

4-5 gotas de salsa Tabasco

1 pimiento verde grande, finamente picado

2 cucharaditas de comino molido

2 cucharaditas de orégano seco

sal y pimienta negra recién molida, al gusto

Arroz cubano, tibio (ver más abajo)

Combine todos los ingredientes, excepto la sal, la pimienta y el arroz cubano, en una olla de cocción lenta de 5.5 litros / 9½ pinta. Tape y cocine a temperatura baja hasta que los frijoles estén tiernos, de 7 a 8 horas. Sazone al gusto con sal y pimienta. Sirva la sopa sobre arroz cubano en tazones.

Arroz cubano V

Delicioso en sopa o como guarnición, este arroz está delicadamente aromatizado con vinagre de sidra.

Sirve 8 como acompañamiento

225 g / 8 oz de arroz blanco de grano largo
¼ de cebolla finamente picada
450 ml / ¾ pinta de agua
2 cucharaditas de aceite de oliva
1½ cucharada de vinagre de sidra

Combine el arroz, la cebolla y el agua en una sartén grande. Calentar hasta que hierva. Reduzca el fuego y cocine a fuego lento, tapado, durante 20 minutos o hasta que el arroz esté tierno. Agrega el aceite y el vinagre.

Sopa de guisantes partida con tres acompañamientos

Esta espesa y hermosa sopa verde se sirve con batatas en cubos, guisantes frescos y croûtons.

Para 6

1,5 litros / 2½ pintas de agua

120 ml / 4 fl oz de vino blanco seco o agua

450 g / 1 libra de guisantes secos

1 cebolla finamente picada

1 rama de apio picado

2 cubos de caldo de verduras

¾ cucharadita de tomillo seco

1 hoja de laurel

sal y pimienta negra recién molida, al gusto

coberturas: 100 g / 4 oz de guisantes calientes cocidos, 150 g / 5 oz de batatas cocidas en cubos y peladas, Croûtons crujientes

Combine todos los ingredientes, excepto la sal y la pimienta, en una olla de cocción lenta de 5.5 litros / 9½ pinta. Tape y cocine a temperatura baja durante 6 a 8 horas. Procese la sopa en un procesador de alimentos o licuadora hasta que quede suave. Desecha la hoja de laurel. Sazone al gusto con sal y pimienta.

Espolvorea cada plato de sopa con guisantes, batatas y croûtons crujientes.

Sopa fácil de guisantes de ojos negros y lentejas V

Los guisantes de ojos negros y las lentejas se combinan en esta deliciosa sopa.

Para 6

2 litros / 3½ pintas de caldo de verduras

250 g / 9 oz de lentejas rojas secas

130 g / 4½ oz de guisantes de ojo negro secos, enjuagados

3 tomates medianos, picados

1 zanahoria pequeña, picada

1 rama de apio picado

1 cebolla picada

1 diente de ajo machacado

¾ cucharadita de tomillo seco

¾ cucharadita de orégano seco

1 hoja de laurel

sal y pimienta negra recién molida, al gusto

Combine todos los ingredientes, excepto la sal y la pimienta, en una olla de cocción lenta de 5.5 litros / 9½ pinta. Tape y cocine a temperatura baja durante 6 a 8 horas. Desecha la hoja de laurel. Sazone al gusto con sal y pimienta.

Sopa de lentejas india fácil

Esta abundante sopa sabe mejor si se hace con diminutas lentejas indias de color beige, que están disponibles en las tiendas de alimentos indios. Sin embargo, también se pueden usar lentejas marrones regulares.

Para 4 personas

2,5 litros / 4¼ pintas de agua

350 g / 12 oz de lentejas indias o marrones secas

1 cebolla grande, finamente picada

1 rama de apio, en rodajas finas

1 zanahoria pequeña, en rodajas finas

1 diente de ajo machacado

2-3 cucharaditas de curry suave en polvo

1 cucharadita de azucar

sal y pimienta negra recién molida, al gusto

Combine todos los ingredientes, excepto la sal y la pimienta, en una olla de cocción lenta de 5.5 litros / 9½ pinta. Tape y cocine a temperatura baja durante 6 a 8 horas. Sazone al gusto con sal y pimienta.

Sopa De Lentejas Del Campo

Las lentejas rojas con verduras y una selección de hierbas mediterráneas hacen una sopa brillante, saludable y sustanciosa.

Para 6

750 ml / 1¼ pintas de caldo de verduras

450 ml / ¾ pinta de agua

175 g / 6 oz de lentejas rojas secas

400 g / 14 oz lata de tomates picados

3 cebollas picadas

1 rama de apio grande, en rodajas

1 zanahoria grande, en rodajas

2 dientes de ajo machacados

½ cucharadita de mejorana seca

½ cucharadita de orégano seco

½ cucharadita de tomillo seco

sal y pimienta negra recién molida, al gusto

6 cucharadas de queso parmesano recién rallado

Combine todos los ingredientes, excepto la sal, la pimienta y el queso parmesano, en una olla de cocción lenta de 5.5 litros / 9½ pinta. Tape y cocine a temperatura baja durante 6 a 8 horas. Sazone al gusto con sal y pimienta. Espolvorea cada plato de sopa con 1 cucharada de queso.

Sopa de Lentejas y Espinacas al Curry

Las lentejas y las espinacas le dan un delicioso sabor y textura a esta
sopa.

Para 6

2,25 litros / 4 pintas de caldo de verduras

400 g / 14 oz lata de tomates picados

175 g / 6 oz de lentejas marrones secas

4 cebollas picadas

½ rama de apio, en rodajas finas

½ zanahoria, en rodajas finas

2 dientes de ajo grandes, triturados

2–2½ cucharaditas de curry suave en polvo

1 cucharadita de chile en polvo

275 g / 10 oz de espinacas picadas congeladas, descongeladas y
escurridas

sal y pimienta negra recién molida, al gusto

Combine todos los ingredientes, excepto la espinaca, la sal y la
pimienta, en una olla de cocción lenta de 5.5 litros / 9½ pinta.
Tape y cocine a temperatura baja durante 6 a 8 horas, agregando
las espinacas durante los últimos 30 minutos. Sazone al gusto con
sal y pimienta.

Sopa De Frijoles Y Cebada

La cebada hace una sopa sustancial y también agrega textura. Esta sopa es una comida en sí misma.

Para 6

1,5 litros / 2½ pintas de caldo de verduras

2 latas de 400 g / 14 oz de judías verdes o judías cannellini, escurridas y enjuagadas

175 g / 6 oz de papa harinosa, sin pelar y en cubos

1 zanahoria grande, en rodajas

2 cebollas pequeñas picadas

1 pimiento rojo picado

2 dientes de ajo machacados

2 cucharadas de puré de tomate

1½ cucharadita de condimento de hierbas italianas secas

90 g / 3½ oz de cebada perlada

75 g / 3 oz de hojas tiernas de espinaca

sal y pimienta negra recién molida, al gusto

Combine todos los ingredientes, excepto la cebada, las espinacas, la sal y la pimienta, en una olla de cocción lenta de 5.5 litros / 9½ pinta. Tape y cocine a temperatura alta durante 4-5 horas, agregando la cebada durante los últimos 30 minutos y las espinacas durante los últimos 15 minutos. Sazone al gusto con sal y pimienta.

Sopa de papa y cebada

Puedes variar el sabor de esta sopa casera utilizando diferentes caldos, así como diferentes verduras.

Para 8 porciones

1,2 litros / 2 pintas de caldo de verduras

250 ml / 8 fl oz de jugo de tomate

2 cebollas picadas

500 g / 18 oz de papas, peladas y picadas

1 zanahoria pequeña, en rodajas

1 rama de apio, en rodajas

1 chirivía pequeña, en rodajas

1 diente de ajo machacado

2 hojas de laurel

¼ de cucharadita de tomillo seco

¼ de cucharadita de mejorana seca

150 g / 5 oz de cebada perlada

sal y pimienta negra recién molida, al gusto

Combine todos los ingredientes, excepto la cebada, la sal y la pimienta, en una olla de cocción lenta de 5.5 litros / 9½ pinta. Tape y cocine a temperatura baja durante 6 a 8 horas, agregando la cebada durante los últimos 30 minutos. Desecha las hojas de laurel. Sazone al gusto con sal y pimienta.

Sopa de Papa y Champiñones Portabella

Las portabella son las mejores, pero puedes usar cualquier tipo de champiñones para esta sopa.

Para 8 porciones

1,2 litros / 2 pintas de caldo de verduras

2 cebollas picadas

500 g / 18 oz de papas, peladas y picadas

150 g / 5 oz de champiñones portabella, picados

1 zanahoria pequeña, en rodajas

1 rama de apio, en rodajas

1 chirivía pequeña, en rodajas

1 diente de ajo machacado

2 hojas de laurel

¼ de cucharadita de tomillo seco

¼ de cucharadita de mejorana seca

sal y pimienta negra recién molida, al gusto

Combine todos los ingredientes, excepto la sal y la pimienta, en una olla de cocción lenta de 5.5 litros / 9½ pinta. Tape y cocine a temperatura baja durante 6 a 8 horas. Desecha las hojas de laurel. Sazone al gusto con sal y pimienta.

Sopa de cebada y champiñones al estilo polaco

Los champiñones secos agregan un sabor terroso y amaderado a la sopa. Puedes probarlo con otros hongos secos si quieres. Porcini y shiitake tienen sabores fuertes que impregnan toda la sopa.

Para 4 a 6 porciones

2,25 litros / 4 pintas de caldo de verduras

3 papas medianas, peladas y cortadas en cubitos

1 cebolla pequeña, picada en trozos grandes

1 rama de apio, en rodajas

100 g / 4 oz de zanahorias pequeñas cortadas a la mitad

90 g / 3½ oz de cebada perlada

120 ml de vino blanco seco (opcional)

10 g / ¼ oz de champiñones secos, picados en trozos grandes

100 g / 4 oz de guisantes congelados, descongelados

sal y pimienta blanca, al gusto

120 ml de crema agria

eneldo fresco picado, para decorar

Combine todos los ingredientes, excepto los guisantes, la sal, la pimienta y la crema agria, en una olla de cocción lenta de 5.5 litros / 9½ pinta. Tape y cocine a temperatura baja durante 6 a 8 horas, agregando los guisantes durante los últimos 20 minutos. Sazone al gusto con sal y pimienta. Adorne cada plato de sopa con crema agria y eneldo.

Sopa picante de cebada

Las hierbas y la mostaza le dan a esta sopa de cebada su sabroso sabor.

Para 6

2,25 litros / 4 pintas de caldo de verduras

3 cebollas picadas

130 g / 4½ oz de champiñones, en rodajas

1 zanahoria pequeña, en rodajas

1 rama de apio, en rodajas

1 nabo pequeño, cortado en rodajas

1 diente de ajo grande, triturado

3 cucharadas de puré de tomate

50 g / 2 oz de cebada perlada

2 hojas de laurel

1 cucharadita de mejorana seca

½ cucharadita de tomillo seco

½ cucharadita de semillas de apio

½ cucharadita de mostaza seca en polvo

sal y pimienta negra recién molida, al gusto

Combine todos los ingredientes, excepto la sal y la pimienta, en una olla de cocción lenta de 5.5 litros / 9½ pinta. Tape y cocine a temperatura baja durante 6 a 8 horas. Desecha las hojas de laurel. Sazone al gusto con sal y pimienta.

Sopa de aguacate y tomate de Florida

Los ingredientes coloridos crean un caleidoscopio de colores y sabores frescos.

Para 4 personas

400 ml / 14 fl oz de caldo de pollo

500 g / 18 oz de papas, peladas y en cubos

100 g / 4 oz de maíz dulce, descongelado si está congelado

200 g / 7 oz de tomates pera, picados

225 g / 8 oz de pechuga de pavo ahumada, en cubos

1 cucharadita de tomillo seco

1 aguacate en cubos

Zumo de 1 lima

3 lonchas de tocino, cocidas y desmenuzadas

sal y pimienta negra recién molida, al gusto

Combine todos los ingredientes, excepto el aguacate, la lima, el tocino, la sal y la pimienta, en la olla de cocción lenta. Tape y cocine a temperatura alta durante 4-5 horas. Agregue el aguacate, la lima y el tocino. Sazone al gusto con sal y pimienta.

Sopa De Maíz Dulce Con Queso

Una sopa satisfactoria, rica en salchichas, queso y el sabor del maíz dulce.

Para 6

450 ml / ¬æ pinta de caldo de pollo

225 g / 8 oz de salchicha ahumada, rebanada

400 g / 14 oz lata de maíz dulce

400 g / 14 oz lata de maíz dulce con crema

300 g / 11 oz de tomates, picados

1 cebolla picada

1 pimiento rojo picado

1 papa, pelada y picada

1 diente de ajo machacado

450 ml / ¬æ pinta de leche entera

2 cucharadas de harina de maíz

50'Äì75 g / 2'Äì3 oz de queso cheddar, rallado

sal y pimienta negra recién molida, al gusto

Cro√ªtons de ajo, para decorar

Combine todos los ingredientes, excepto la leche, el queso de harina de maíz, la sal y la pimienta, en la olla de cocción lenta. Tape y cocine a temperatura alta durante 4-5 horas, agregando 250 ml / 8 fl oz de leche durante los últimos 30 minutos. Agregue el resto de la leche combinada y la harina de maíz, revolviendo durante 2-3 minutos. Agrega el queso, revolviendo hasta que se derrita. Sazone al gusto con sal y pimienta. Espolvoree cada tazón de sopa de pescado con unas croûtons de ajo.

Sopa de patatas y maíz dulce abundante

Prepare esta sopa espesa y abundante con los ingredientes de la tienda.

Para 4 personas

450 ml / ¬æ pinta de caldo de verduras

350 g / 12 oz de papas, peladas y cortadas en cubos

225 g / 8 oz de maíz dulce, descongelado si está congelado

1 cebolla picada

1 rama de apio, en rodajas

¬Ω cucharadita de tomillo seco

325 ml / 11 fl oz de leche entera

2 cucharadas de harina de maíz

sal y pimienta negra recién molida, al gusto

Combine todos los ingredientes, excepto la leche, la harina de maíz, la sal y la pimienta, en la olla de cocción lenta. Tape y cocine a temperatura alta durante 4-5 horas, agregando los 300 ml / ¬Ω pinta de leche durante los últimos 30 minutos. Agregue la leche restante y la harina de maíz combinadas, revolviendo durante 2-3 minutos. Sazone al gusto con sal y pimienta.

Sopa Dulce De Cebolla Y Frijoles

Las cebollas se pueden caramelizar para realzar el sabor, si lo desea. Saltee las cebollas en 2 cucharadas de mantequilla en una sartén grande durante 2 minutos. Reduzca el fuego a medio-bajo y cocine hasta que estén doradas, unos 10 minutos.

Para 8 porciones

450 ml / ¬æ pinta de caldo de verduras o pollo

450 ml / ¬æ pinta de caldo de res

400 g / 14 oz lata de frijoles cannellini, escurridos y enjuagados

700 g / 1¬Ω lb de cebollas, en rodajas finas

¬æ cucharadita de tomillo seco

50 ml / 2 fl oz de jerez seco (opcional)

sal y pimienta negra recién molida, al gusto

Cro√ᵃtons de ajo, para decorar

Combine todos los ingredientes, excepto el jerez, la sal y la pimienta, en la olla de cocción lenta. Tape y cocine a temperatura alta durante 5-6 horas, agregando el jerez durante los últimos 15 minutos. Sazone al gusto con sal y pimienta. Espolvoree cada tazón de sopa de pescado con unas cro√ᵃtons de ajo.

Vichyssoise fácil

Esta es una versión rápida y sencilla del plato tradicional.

Para 6

750 ml / 1¬º pintas de caldo de verduras
600 g / 1 lb 6 oz de papas harinosas, peladas y cortadas en cubos
2 puerros picados
250 ml / 8 fl oz de leche entera
2 cucharadas de harina de maíz
sal y pimienta negra recién molida, al gusto
cebolletas frescas cortadas, para decorar

Combine todos los ingredientes, excepto la leche, la harina de maíz, la sal y la pimienta, en la olla de cocción lenta. Tape y cocine a temperatura baja durante 6-8 horas. Agregue la leche y la harina de maíz combinadas durante los últimos 20 minutos. Procese la sopa en un procesador de alimentos o licuadora hasta que quede suave. Sazone al gusto con sal y pimienta, sirva caliente o refrigere y sirva frío. Espolvorea cada plato de sopa de cebollino con cebollino.

Sopa de papa

Sustituya las patatas por las verduras que desee en esta sopa versátil, como zanahorias, calabacines, judías verdes o maíz dulce, por una deliciosa sopa de verduras.

Para 6

750 ml / 1¬º pintas de caldo de verduras
600 g / 1 lb 6 oz de papas harinosas, peladas y cortadas en cubos
2 cebollas picadas
¬Ω apio en rodajas finas
¬º,Äì¬Ω cucharadita de semillas de apio
250 ml / 8 fl oz de leche entera
2 cucharadas de harina de maíz
sal y pimienta negra recién molida, al gusto

Combine todos los ingredientes, excepto la leche, la harina de maíz, la sal y la pimienta, en la olla de cocción lenta. Tape y cocine a temperatura baja durante 6-8 horas. Agregue la leche y la harina de maíz combinadas durante los últimos 20 minutos. Sazone al gusto con sal y pimienta.

Sopa de patatas gratinadas

Espolvorea con nuez moscada para darle un toque encantador.

Para 6

750 ml / 1¬º pintas de caldo de verduras

600 g / 1 lb 6 oz de papas harinosas, peladas y cortadas en cubos

2 cebollas picadas

¬Ω apio en rodajas finas

¬º,Äì¬Ω cucharadita de semillas de apio

250 ml / 8 fl oz de leche entera

2 cucharadas de harina de maíz

75 g / 3 oz de queso cheddar rallado

sal y pimienta negra recién molida, al gusto

nuez moscada recién rallada, para decorar

Combine todos los ingredientes, excepto la leche, la harina de maíz, el queso, la sal y la pimienta, en la olla de cocción lenta. Tape y cocine a temperatura baja durante 6-8 horas. Agregue la leche y la harina de maíz combinadas durante los últimos 20 minutos. Procese la mitad de la sopa en un procesador de alimentos o licuadora hasta que esté casi suave. Regrese a la olla de cocción lenta y cocine a temperatura alta durante 10 minutos. Agrega el queso, revolviendo hasta que se derrita. Sazone al gusto con sal y pimienta. Espolvorea cada tazón de sopa con nuez moscada recién rallada.

Sopa De Patatas Al Curry

El sabor a curry de esta sopa es sutil. Aumenta la cantidad si lo prefieres.

Para 4 personas

1 litro / 1¬æ pintas de caldo de verduras
8 cebolletas picadas
3 papas grandes, peladas y en cubos
3 dientes de ajo machacados
¬æ cucharadita de curry en polvo
¬Ω cucharadita de comino molido
250 ml / 8 fl oz de leche semidesnatada
2 cucharadas de harina de maíz
sal y pimienta negra recién molida, al gusto

Combine todos los ingredientes, excepto la leche, la harina de maíz, la sal y la pimienta, en la olla de cocción lenta. Tape y cocine a temperatura baja durante 6-8 horas. Encienda el fuego a Alto y cocine por 10 minutos. Agregue la leche y la harina de maíz combinadas, revolviendo durante 2-3 minutos. Sazone al gusto con sal y pimienta.

Sopa De Cebolla Con Queso

El romero fragante le da a esta sopa un sabor aromático.

Para 8 porciones

1 litro / 1¬æ pintas de caldo de verduras

6 papas harinosas grandes, peladas y cortadas en cubos (1 cm / ¬Ω in)

8 cebollas picadas

1 rama de apio grande, picada

6 dientes de ajo machacados

¬Ω cucharadita de romero seco

450 ml / ¬æ pinta de leche entera

2 cucharadas de harina de maíz

una pizca de nuez moscada recién rallada

2 cucharaditas de salsa Worcestershire

100 g / 4 oz de queso Emmental o Gruy√®re, rallado

sal y pimienta blanca, al gusto

Combine el caldo, las papas, las cebollas, el apio, el ajo y el romero en una olla de cocción lenta de 5,5 litros. Tape y cocine a temperatura alta durante 4-5 horas, agregando 250 ml / 8 fl oz de leche durante los últimos 30 minutos. Agregue la leche restante combinada y la harina de maíz, la nuez moscada y la salsa Worcestershire, revolviendo durante 2-3 minutos. Agrega el queso, revolviendo hasta que se derrita. Sazone al gusto con sal y pimienta blanca.

Sopa de papas y tres quesos

Puede variar los quesos dependiendo de lo que esté disponible.

Para 8 porciones

1 litro / 1¬æ pintas de caldo de verduras

6 papas harinosas grandes, peladas y cortadas en cubos (1 cm / ¬Ω in)

8 cebollas picadas

1 rama de apio grande, picada

6 dientes de ajo machacados

¬Ω cucharadita de romero seco

450 ml / ¬æ pinta de leche entera

2 cucharadas de harina de maíz

una pizca de nuez moscada recién rallada

2 cucharaditas de salsa Worcestershire

50 g / 2 oz de queso mozzarella duro, rallado

50 g / 2 oz de queso cheddar

2'Ä4 cucharadas de queso azul desmenuzado

sal y pimienta blanca, al gusto

Combine el caldo, las papas, las cebollas, el apio, el ajo y el romero en una olla de cocción lenta de 5,5 litros. Tape y cocine a temperatura alta durante 4-5 horas, agregando 250 ml / 8 fl oz de leche durante los últimos 30 minutos. Agregue la leche restante combinada y la harina de maíz, la nuez moscada y la salsa

Worcestershire, revolviendo durante 2-3 minutos. Agregue los quesos, revolviendo hasta que se derrita. Sazone al gusto con sal y pimienta.

Sopa De Patatas, Maíz Dulce Y Tocino

Si lo desea, puede saltear el tocino en 1 cucharadita de mantequilla o margarina. Cuando esté crujiente, espolvorear sobre la sopa como guarnición.

Para 6

750 ml / 1¬º pintas de caldo de pollo

500 g / 18 oz de papas cerosas, peladas y cortadas en cubos

225 g / 8 oz de maíz dulce, descongelado si está congelado

1 cebolla grande picada

1 diente de ajo machacado

175 g / 6 oz de tocino, cortado en tiras

1 hoja de laurel grande

¬æ cucharadita de tomillo seco

¬º cucharadita de mostaza seca en polvo

450 ml / ¬æ pinta de leche entera

2 cucharadas de harina de maíz

sal y pimienta blanca, al gusto

Combine todos los ingredientes, excepto la leche, la harina de maíz, la sal y la pimienta, en la olla de cocción lenta. Tape y cocine a temperatura alta durante 4-5 horas, agregando 375 ml / 13 fl oz de leche durante los últimos 30 minutos. Desecha la hoja de laurel. Procese la mitad de la sopa en un procesador de alimentos o licuadora hasta que quede suave. Regrese a la olla de cocción lenta.

Tape y cocine a temperatura alta durante 10 minutos. Agregue la leche restante y la harina de maíz combinadas, revolviendo durante 2-3 minutos. Sazone al gusto con sal y pimienta blanca.

Sopa de Colcannon

¡Una sopa deliciosa con un toque irlandés!

Para 6

750 ml / 1¬º pintas de caldo de pollo

500 g / 18 oz de papas cerosas, peladas y cortadas en cubos

225 g / 8 oz de repollo en rodajas finas

1 cebolla grande picada

1 diente de ajo machacado

175 g / 6 oz de tocino, cortado en tiras

1 hoja de laurel grande

¬æ cucharadita de tomillo seco

¬º cucharadita de mostaza seca en polvo

375 ml / 13 fl oz de leche entera

120 ml de crema agria

2 cucharadas de harina de maíz

sal y pimienta blanca, al gusto

Combine todos los ingredientes, excepto la leche, la harina de maíz, la sal y la pimienta, en la olla de cocción lenta. Tape y cocine a temperatura alta durante 4-5 horas, agregando la leche durante los últimos 30 minutos. Desecha la hoja de laurel. Agregue la crema agria y la harina de maíz combinadas, revolviendo durante 2'3 minutos. Sazone al gusto con sal y pimienta.

Sopa De Tomate Fresco Y Calabacín

Saboree la generosidad del verano en esta animada sopa de albahaca, tomates y calabacines. El tocino agrega un delicioso acento ahumado.

Para 4 personas

400 ml / 14 fl oz de caldo de verduras
450 g / 1 lb de tomates pera, picados
2 cebollas picadas
1 papa, pelada y en cubos
1 calabacín en cubos
25 g / 1 oz de maíz dulce, descongelado si está congelado
1 cucharada de albahaca seca
sal y pimienta de cayena, al gusto
2 lonchas de tocino ahumado, cocidas hasta que estén crujientes y desmenuzadas

Combine todos los ingredientes, excepto la sal, la pimienta de cayena y el tocino, en la olla de cocción lenta. Tape y cocine a temperatura alta durante 4-5 horas. Sazone al gusto con sal y pimienta de cayena. Espolvorea cada tazón de sopa con tocino desmenuzado.

Sopa de jardín verde

Una sopa fresca llena de vegetales saludables.

Para 4 personas

400 ml / 14 fl oz de caldo de verduras

450 g / 1 lb de tomates pera, picados

2 cebollas picadas

1 papa, pelada y en cubos

1 calabacín en cubos

1 cucharada de albahaca seca

175 g / 6 oz de floretes de brócoli pequeños

150 g / 5 oz de frijoles franceses, cortados en trozos cortos

75 g / 3 oz de espinacas, en rodajas

sal y pimienta de cayena, al gusto

2 lonchas de tocino ahumado, cocidas hasta que estén crujientes y desmenuzadas

4 cucharadas de queso parmesano rallado

Combine el caldo, los tomates, las cebollas, la papa, el calabacín y la albahaca en la olla de cocción lenta. Tape y cocine a temperatura alta durante 4-5 horas, agregando el brócoli, los frijoles y las espinacas durante los últimos 30 minutos. Sazone al gusto con sal y pimienta de cayena. Espolvoree cada plato de sopa con tocino desmenuzado y queso parmesano.

Sopa de guisantes de ojos negros y maíz dulce

Los pimientos rojos asados y el tocino animan esta sopa sin complicaciones.

Para 4 personas

375 ml / 13 fl oz caldo de verduras o pollo

3 cebollas picadas

400 g / 14 oz lata de guisantes de ojo negro, escurridos y enjuagados

400 g / 14 oz lata de maíz dulce con crema

2 dientes de ajo machacados

1 cucharadita de tomillo seco

2 pimientos rojos asados de un frasco, picados en trozos grandes

sal y pimienta negra recién molida, al gusto

4 lonchas de tocino, cocidas hasta que estén crujientes y desmenuzadas

Combine todos los ingredientes, excepto los pimientos rojos asados, la sal, la pimienta y el tocino, en la olla de cocción lenta. Tape y cocine a temperatura alta durante 2-3 horas, agregando los pimientos asados durante los últimos 15 minutos. Sazone al gusto con sal y pimienta. Espolvorea tocino en cada tazón de sopa.

Sopa De Frijoles Rojos Y Verduras

Un plato fácil y delicioso.

Para 4 personas

375 ml / 13 fl oz caldo de verduras o pollo

3 cebollas picadas

400 g / 14 oz lata de frijoles rojos, escurridos y enjuagados

400 g / 14 oz de okra, en rodajas

2 dientes de ajo machacados

1 cucharadita de tomillo seco

176 g / 6 oz de lechugas de primavera, en rodajas

sal y pimienta negra recién molida, al gusto

4 lonchas de tocino, cocidas hasta que estén crujientes y

desmenuzadas

Combine todos los ingredientes, excepto las verduras de primavera, la sal, la pimienta y el tocino, en la olla de cocción lenta. Tape y cocine a temperatura alta durante 2-3 horas, agregando las hojas verdes de primavera durante los últimos 15 minutos. Sazone al gusto con sal y pimienta. Espolvorea tocino en cada tazón de sopa.

Sopa de alubias y tocino

La leche agrega una suavidad cremosa a esta sopa de frijoles.

Para 8 porciones

1,5 litros / 2 Ω pintas de caldo de pollo

250 g / 9 oz de judías verdes secas, enjuagadas

1 zanahoria picada

1 cebolla picada

2 dientes de ajo grandes, triturados

¬Ω cucharadita de orégano seco

¬Ω cucharadita de albahaca seca

¬Ω cucharadita de romero seco

250 ml / 8 fl oz de leche entera

2 cucharadas de harina de maíz

sal y pimienta negra recién molida, al gusto

8 lonchas de tocino, cocidas hasta que estén crujientes y desmenuzadas

Combine el caldo, los frijoles, las verduras y las hierbas en una olla de cocción lenta de 5,5 litros. Tape y cocine a fuego lento hasta que los frijoles estén tiernos, 6 a 8 horas. Encienda el fuego a Alto y cocine por 10 minutos. Agregue la leche y la harina de maíz combinadas, revolviendo durante 2-3 minutos. Si lo desea, procese la mitad de la sopa en un procesador de alimentos o licuadora hasta que quede suave. Revuelva nuevamente en la olla de cocción lenta. Sazone al gusto con sal y pimienta. Espolvorea tocino en cada tazón de sopa.

Sopa De Frijoles Mixta

Varíe los frijoles según lo que tenga en el armario de la tienda.

Para 8 porciones

1,5 litros / 2 Ω pintas de caldo de pollo

75 g / 3 oz de frijoles cannellini secos

75 g / 3 oz de frijoles pintos secos

75 g / 3 oz de frijoles rojos secos, remojados durante la noche y

luego hervidos durante 10 minutos

1 zanahoria picada

1 cebolla picada

2 dientes de ajo grandes, triturados

¬Ω cucharadita de orégano seco

¬Ω cucharadita de albahaca seca

¬Ω cucharadita de romero seco

250 ml / 8 fl oz de leche entera

2 cucharadas de harina de maíz

sal y pimienta negra recién molida, al gusto

8 lonchas de tocino, cocidas hasta que estén crujientes y

desmenuzadas

Combine el caldo, los frijoles, las verduras y las hierbas en una olla de cocción lenta de 5,5 litros. Tape y cocine a fuego lento hasta que los frijoles estén tiernos, 6 a 8 horas. Encienda el fuego a Alto y cocine por 10 minutos. Agregue la leche y la harina de maíz combinadas, revolviendo durante 2-3 minutos. Si lo desea, procese la mitad de la sopa en un procesador de alimentos o licuadora hasta que quede suave. Revuelva nuevamente en la olla de cocción lenta. Sazone al gusto con sal y pimienta. Espolvorea tocino en cada tazón de sopa.

Sopa Tex-Mex de Pollo y Queso

Si puede comprar queso pepper-Jack, use este en lugar del Monterey Jack o Cheddar y omita el chile, para una versión más auténtica.

Para 4 personas

375 ml / 13 fl oz de caldo de pollo

2 latas de 400 g / 14 oz de maíz dulce con crema

450 g / 1 libra de filete de pechuga de pollo sin piel, en cubos (1 cm / ¬Ω in)

1 cebolla finamente picada

1 guindilla medianamente picante, finamente picada

1 calabacín en cubos

375 ml / 13 fl oz de leche semidesnatada

2 cucharadas de harina de maíz

175 g / 6 oz de queso Monterey Jack o Cheddar, rallado

sal y pimienta negra recién molida, al gusto

Combine el caldo, el maíz dulce, el pollo, la cebolla y el chile en la olla de cocción lenta. Tape y cocine a temperatura alta durante 4/5 horas, agregando el calabacín durante los últimos 30 minutos. Agregue la leche y la harina de maíz combinadas, revolviendo durante 2-3 minutos. Agrega el queso, revolviendo hasta que se derrita. Sazone al gusto con sal y pimienta.

Sopa De Pollo Hispaniola

Esta tentadora sopa cuenta con sofrito, un condimento cubano popular que se encuentra en la sección étnica de muchos supermercados.

Para 4 personas

400 g / 14 oz lata de tomates picados

400 ml / 14 fl oz de caldo de pollo

400 g / 14 oz lata de garbanzos, escurridos y enjuagados

350 g / 12 oz de filete de pechuga de pollo sin piel, en cubos (2 cm / ¬æ in)

1 cebolla picada

150 g / 5 oz de espinacas, en rodajas

2 cucharadas de salsa sofrito (opcional)

sal y pimienta negra recién molida, al gusto

25 g / 1 oz de almendras en copos, tostadas

Combine todos los ingredientes, excepto las espinacas, la salsa sofrito, la sal, la pimienta y las almendras, en la olla de cocción lenta. Tape y cocine a temperatura alta durante 4-5 horas, agregando la salsa de espinacas y sofrito durante los últimos 15 minutos. Sazone al gusto con sal y pimienta. Espolvorea cada tazón con almendras.

Sopa Cremosa De Pollo Y Maíz Dulce

¡Una sopa deliciosamente cremosa y abundante que es una auténtica comida reconfortante!

Para 4 personas

375 ml / 13 fl oz de caldo de pollo

2 latas de 400 g / 14 oz de maíz dulce con crema

450 g / 1 libra de filete de pechuga de pollo sin piel, en cubos (1 cm / ¬Ω in)

1 cebolla finamente picada

1 rama de apio, en rodajas finas

1 zanahoria en rodajas finas

375 ml / 13 fl oz de leche semidesnatada

2 cucharadas de harina de maíz

175 g / 6 oz de queso Monterey Jack o Cheddar, rallado

sal y pimienta negra recién molida, al gusto

Combine el caldo, el maíz dulce, el pollo, la cebolla, el apio y la zanahoria en la olla de cocción lenta. Tape y cocine a temperatura alta durante 4-5 horas. Agregue la leche y la harina de maíz combinadas, revolviendo durante 2-3 minutos. Agrega el queso, revolviendo hasta que se derrita. Sazone al gusto con sal y pimienta.

Sopa De Pollo Y Maíz Dulce

Un toque picante de chile picante le da un poco de fuego a esta sabrosa sopa.

Para 8 porciones

1 litro / 1 ¬æ pintas de caldo de pollo

450 g / 1 libra de filete de pechuga de pollo sin piel, en cubos (1 cm / ¬Ω in)

350 g / 12 oz de maíz dulce, descongelado si está congelado

2 tomates medianos, picados

1 cebolla picada

¬Ω pimiento verde picado

1 zanahoria picada

1'Äì2 cucharadita de jalape √ ± o finamente picado u otro chile medio picante, finamente picado

2 dientes de ajo machacados

1 cucharadita de tomillo seco

250 ml / 8 fl oz de leche semidesnatada

2 cucharadas de harina de maíz

sal y pimienta negra recién molida, al gusto

Combine todos los ingredientes, excepto la leche, la harina de maíz, la sal y la pimienta, en una olla de cocción lenta de 5,5 litros / 9 Ω pinta. Tape y cocine a temperatura baja durante 6-8 horas. Encienda el fuego a Alto y cocine por 10 minutos. Agregue la leche y la harina de maíz combinadas, revolviendo durante 2-3 minutos. Sazone al gusto con sal y pimienta.

Sopa abundante de pollo y maíz dulce

La salsa y las aceitunas negras son acentos de sabor sorprendentes en esta sopa satisfactoria.

Para 6

450 ml / ¬æ pinta de caldo de pollo

2 latas de 400 g / 14 oz de maíz dulce estilo crema

450 g / 1 libra de filete de pechuga de pollo sin piel, en cubos

350 g / 12 oz de papas, peladas y cortadas en cubos

1 cebolla picada

¬Ω pimiento rojo picado

2 dientes de ajo machacados

75 ml / 2 Ω fl oz salsa suave o picante lista para usar

sal y pimienta negra recién molida, al gusto

aceitunas negras picadas, para decorar

Combine todos los ingredientes, excepto la sal y la pimienta, en una olla de cocción lenta de 5.5 litros / 9 Ω pinta. Tape y cocine a temperatura alta durante 3-4 horas. Sazone al gusto con sal y pimienta. Espolvorea cada porción con aceitunas.

Sopa de pollo y gambas al estilo mediterráneo

Los tentadores sabores del Mediterráneo, cortesía de los garbanzos, el pimiento rojo, el ajo y el orégano.

Para 6

450 ml / ¬æ pinta de caldo de pollo

2 latas de garbanzos de 400 g, escurridos

400 g / 14 oz lata de maíz dulce con crema

225 g / 8 oz de filete de pechuga de pollo sin piel, en cubos

225 g / 8 oz de langostinos crudos grandes, pelados y desvenados

350 g / 12 oz de papas, peladas y cortadas en cubos

1 cebolla picada

1 pimiento rojo asado, picado

2 dientes de ajo machacados

¬æ cucharadita de orégano seco

sal y pimienta negra recién molida, al gusto

aceitunas negras picadas, para decorar

Combine todos los ingredientes, excepto la sal y la pimienta, en una olla de cocción lenta de 5.5 litros / 9 Ω pinta. Tape y cocine a temperatura alta durante 3-4 horas. Sazone al gusto con sal y pimienta. Espolvorea cada porción con aceitunas.

Sopa De Pollo Y Verduras

Si tiene filetes de pollo en el congelador, esta sería una buena comida de conveniencia.

Para 6

450 ml / ¬æ pinta de caldo de pollo

400 g / lata de 14 oz crema de pollo o sopa de papa y puerro

450 g / 1 libra de filete de pechuga de pollo sin piel, en cubos (2 cm / ¬æ in)

1 zanahoria grande, en rodajas

50 g / 2 oz de maíz dulce a la mexicana

1 cebolla picada

2 dientes de ajo machacados

1 cucharadita de tomillo seco

350 g / 12 oz pequeños floretes de brócoli

120 ml / 4 fl oz de leche semidesnatada

sal y pimienta negra recién molida, al gusto

Combine todos los ingredientes, excepto el brócoli, la leche, la sal y la pimienta, en la olla de cocción lenta. Tape y cocine a temperatura alta durante 3-4 horas, agregando el brócoli y la leche durante los últimos 20 minutos. Sazone al gusto con sal y pimienta.

Sopa De Pollo Y Verduras Frescas

Una buena comida familiar a base de pollo y verduras cocidas hasta que estén tiernas.

Para 8 porciones

1 litro / 1 ¬æ pintas de caldo de pollo

700 g / 1¬Ω lb de filete de pechuga de pollo sin piel, en cubos (2,5 cm / 1 pulgada)

1 cebolla picada

1 pimiento picado

1 rama de apio picado

1 zanahoria picada

75 g / 3 oz de calabacines picados

2 dientes de ajo machacados

¬æ cucharadita de tomillo seco

¬æ cucharadita de mejorana seca

1 hoja de laurel

175 ml / 6 fl oz de leche semidesnatada

2 cucharadas de harina de maíz

sal y pimienta negra recién molida, al gusto

Combine todos los ingredientes, excepto la leche, la harina de maíz, la sal y la pimienta, en la olla de cocción lenta. Tape y cocine a temperatura alta durante 3-4 horas. Agregue la leche y la harina de maíz combinadas, revolviendo durante 2-3 minutos. Desecha la hoja de laurel. Sazone al gusto con sal y pimienta.

Sopa De Pollo Y Gambas Con Limón

La lima aporta el acento de sabor en esta sopa, mientras que los tomates y el aguacate aportan contrastes de color y textura.

Para 4 personas

1,2 litros / 2 pintas de caldo de pollo

225 g / 8 oz de filete de pechuga de pollo sin piel, en cubos (2 cm / ¬æ in)

4 cebolletas, en rodajas

4 tomates ciruela picados

¬º cucharadita de hojuelas de chile picado

una pizca de semillas de apio

100 g / 4 oz de arroz de grano largo fácil de cocinar

225 g / 8 oz de langostinos grandes, pelados, desvenados y cortados por la mitad transversalmente

1 aguacate en cubos

Zumo de 1 lima

1 cucharadita de ralladura de lima rallada

sal y pimienta negra recién molida, al gusto

Combine el caldo, el pollo, las cebolletas, los tomates, las hojuelas de chile y las semillas de apio en la olla de cocción lenta. Tape y cocine a temperatura alta durante 4/5 horas, agregando el arroz durante las últimas 2 horas y las gambas durante los últimos 20 minutos. Agregue el aguacate, el jugo de limón y la ralladura. Sazone al gusto con sal y pimienta.

Sopa De Gambas Y Verduras

El rico sabor de esta sopa proviene de una combinación de hierbas, especias y salsa de tomate.

Para 6

750 ml / 1¬º pintas de caldo de pollo

350 g / 12 oz de maíz dulce, descongelado si está congelado

225 g / 8 oz de salsa de tomate preparada

350 g / 12 oz de papas cerosas, peladas y cortadas en cubitos

2 cebollas picadas

1 pimiento verde o rojo picado

2 dientes de ajo machacados

50 ml / 2 fl oz de jerez seco (opcional)

1'Äì2 cucharadita de condimento italiano seco

¬º cucharadita de chile en polvo

¬º cucharadita de mostaza seca en polvo

3'Äì4 gotas de salsa Tabasco

175 g / 6 oz de langostinos cocidos pelados, descongelados si están congelados, cortados por la mitad

120 ml / 4 fl oz de leche entera

sal y pimienta negra recién molida, al gusto

Combine todos los ingredientes, excepto las gambas, la leche, la sal y la pimienta, en una olla de cocción lenta de 5,5 litros. Tape y cocine a temperatura alta durante 4/5 horas, agregando las gambas y la leche durante los últimos 10 minutos. Sazone al gusto con sal y pimienta.

Sopa De Frijoles Y Langostinos

Vale la pena guardar algunos langostinos congelados en el congelador para platos como este, pero recuerde dejarlos descongelar antes de usarlos.

Para 8 porciones

2 latas de 400 g / 14 oz de frijoles cannellini, escurridos y enjuagados
375 ml / 13 fl oz de caldo de pollo
400 g / 14 oz lata de maíz dulce con crema
¬Ω cebolla picada
¬Ω'Äì¬æ cucharadita de tomillo seco
¬º cucharadita de mostaza seca en polvo
700 g / 1¬Ω lb langostinos medianos, pelados
375 ml / 13 fl oz de leche semidesnatada
2 cucharadas de harina de maíz
sal y pimienta de cayena, al gusto

Combine los frijoles, el caldo, el maíz dulce, la cebolla, el tomillo y la mostaza en la olla de cocción lenta. Tape y cocine a temperatura baja durante 6 a 8 horas, agregando las gambas y la leche y la harina de maíz combinadas durante los últimos 15 a 20 minutos. Sazone al gusto con sal y pimienta de cayena.

Sopa De Langosta Y Langostinos

Aquí hay un regalo especial para cuando haya langosta disponible.

Vale la pena hacer un buen caldo casero para este, si puedes.

Para 4 personas

375 ml / 13 fl oz de caldo de pescado

400 g / 14 oz lata de tomates picados

2 papas grandes, peladas y en cubos

1 cebolla picada

1 cucharadita de estragón seco

225 g / 8 oz de carne de langosta cocida, cortada en trozos

pequeños

100 g / 4 oz de gambas pequeñas peladas y cocidas

250 ml / 8 fl oz de leche semidesnatada

15 g / ¬Ω oz de perejil picado

sal y pimienta negra recién molida, al gusto

Combine el caldo, los tomates, las papas, la cebolla y el estragón en la olla de cocción lenta. Tape y cocine a temperatura baja durante 6 a 8 horas, agregando el resto de los ingredientes, excepto la sal y la pimienta, durante los últimos 10 a 15 minutos. Sazone al gusto con sal y pimienta.

Sopa de carne de cangrejo

Puede usar carne de cangrejo fresca en esta receta, pero lata también es buena y muy conveniente.

Para 4 personas

375 ml / 13 fl oz de caldo de pescado

400 g / 14 oz lata de tomates picados

2 papas grandes, peladas y en cubos

1 cebolla picada

¬Ω cucharadita de tomillo seco

300 g / 11 oz de carne de cangrejo blanca

250 ml / 8 fl oz de leche semidesnatada

15 g / ¬Ω oz de perejil picado

sal y pimienta negra recién molida, al gusto

Combine el caldo, los tomates, las papas, la cebolla y el tomillo en la olla de cocción lenta. Tape y cocine a temperatura baja durante 6 a 8 horas, agregando el resto de los ingredientes, excepto la sal y la pimienta, durante los últimos 10 a 15 minutos. Sazone al gusto con sal y pimienta.

Chowder de vieiras al curry y patatas

¡Esta sopa tiene un vivo sabor a curry y un color amarillo brillante!

Para 4 personas

375 ml / 13 fl oz de caldo de pescado

120 ml / 4 fl oz de vino blanco seco o agua

450 g / 1 libra de papas, peladas y en cubos

1 cucharadita de curry en polvo

1 diente de ajo pequeño, triturado

450 g / 1 libra de vieiras, cortadas a la mitad si son grandes

100 g / 4 oz de guisantes congelados, descongelados

50'Äì120 ml / 2'Äì4 fl oz de leche semidesnatada

sal y pimienta negra recién molida, al gusto

Combine el caldo, el vino, las papas, el curry en polvo y el ajo en la olla de cocción lenta. Tape y cocine a temperatura baja durante 6-8 horas. Procese la mezcla en un procesador de alimentos o licuadora hasta que quede suave. Regrese a la olla de cocción lenta. Agregue las vieiras, los guisantes y la leche. Tape y cocine a fuego alto hasta que las vieiras estén cocidas, aproximadamente 10 minutos. Sazone al gusto con sal y pimienta.

Sopa De Cangrejo Sherried Y Champiñones

Suculenta, dulce carne de cangrejo y champiñones frescos se complementan en este elegante platillo.

Para 4 personas

600 ml / 1 pinta de caldo de pollo

450 g / 1 libra de champiñones, en rodajas

130 g / 4 Ω oz de papa cerosa, pelada y cortada en cubitos

2 cebollas pequeñas picadas

¬Ω palito de apio, finamente picado

¬Ω zanahoria, finamente picada

una pizca de tomillo seco

1 cucharada de puré de tomate

1 Ω cucharadita de salsa de soja

350 ml / 12 fl oz de leche entera

175 g / 6 oz de carne de cangrejo blanca fresca, picada en trozos grandes

2 cucharadas de jerez seco o agua

1 cucharada de harina de maíz

sal y pimienta blanca, al gusto

Combine el caldo, las verduras, el tomillo, el puré de tomate y la salsa de soja en la olla de cocción lenta. Tape y cocine a temperatura alta durante 4-5 horas, agregando 250 ml / 8 fl oz de la leche y la carne de cangrejo durante los últimos 30 minutos.

Agregue la leche restante combinada, el jerez y la harina de maíz, revolviendo durante 2-3 minutos. Sazone al gusto con sal y pimienta.

Sopa picante de cangrejo y vieiras

El toque de sabor en esta sopa de mariscos proviene del encurtido de especias.

Para 4 personas

375 ml / 13 fl oz de caldo de pescado

400 g / 14 oz de tomates en lata

1 cebolla picada

1 rama de apio picado

2 cucharaditas de especias para encurtir

100 g / 4 oz de carne de cangrejo blanca

225 g / 8 oz de vieiras, cortadas a la mitad si son grandes

120 ml / 4 fl oz de leche semidesnatada

sal y pimienta negra recién molida, al gusto

Combine el caldo, los tomates, la cebolla, el apio y las especias para encurtir atadas en una bolsa de muselina en la olla de cocción lenta. Tape y cocine a temperatura baja durante 6 a 8 horas, agregando la carne de cangrejo, las vieiras y la leche durante los últimos 15 minutos. Deseche la bolsa de especias. Sazone al gusto con sal y pimienta.

Chowder de muestra de mariscos

Esta sopa de pescado delicadamente condimentada es excelente con cro√ªtons crujientes.

Para 4 personas

400 g / 14 oz lata de tomates picados

250 ml / 8 fl oz de caldo de pescado o pollo

2 papas medianas, peladas y en cubos

¬Ω pimiento amarillo picado

1 cebolla picada

120 ml / 4 fl oz de vino blanco seco o agua

¬Ω cucharadita de semillas de apio

1 cucharadita de hierbas provenzales

225 g / 8 oz de eglefino o fletán, en cubos (2,5 cm / 1 pulgada)

100 g / 4 oz de vieiras, en cuartos

100 g / 4 oz de gambas peladas

¬Ω cucharadita de salsa Tabasco

sal al gusto

Combine los tomates con el caldo, las papas, el pimiento, la cebolla, el vino o el agua, las semillas de apio y las hierbas en la olla de cocción lenta. Cubra y cocine a temperatura baja durante 6-8 horas, agregando los mariscos durante los últimos 20 minutos. Agrega la salsa Tabasco. Sazone al gusto con sal.

Sopa de mariscos

La salsa Worcestershire le da un toque picante a esta sopa, que está cubierta con tocino crujiente.

Para 8 porciones

450 ml / ¬æ pinta de caldo de pescado

2 latas de 400 g / 14 oz de tomates picados

120, 250 ml / 4, 8 onzas líquidas de salsa de tomate preparada

700 g / 1¬Ω lb de patatas, peladas y picadas

2 cebollas en rodajas

1 rama de apio grande, en rodajas

1 cucharada de salsa Worcestershire

1 cucharadita de romero seco

700 g / 1¬Ω lb filetes de bacalao o fletán, en cubos (2,5 cm / 1 pulgada)

250 ml / 8 fl oz de leche entera

3 cucharadas de harina de maíz

sal y pimienta negra recién molida, al gusto

4 lonchas de tocino, cocidas hasta que estén crujientes y desmenuzadas

Combine el caldo, los tomates, la salsa de tomate, las papas, las cebollas, el apio, la salsa Worcestershire y el romero en una olla de cocción lenta de 5,5 litros / 9 Ω pinta. Tape y cocine a temperatura alta durante 4-5 horas, agregando el pescado durante los últimos

15 minutos. Agregue la leche y la harina de maíz combinadas, revolviendo durante 2-3 minutos. Sazone al gusto con sal y pimienta. Espolvorea tocino en cada tazón de sopa.

Sopa de gambas rica

Recuerde dejar que las gambas se descongelen, si las usa congeladas, antes de agregarlas a la olla de cocción lenta.

Para 8 porciones

450 ml / ¬æ pinta de caldo de pescado

2 latas de 400 g / 14 oz de tomates picados

120, 250 ml / 4, 8 onzas líquidas de salsa de tomate preparada

350 g / 12 oz de papas, peladas y picadas

100 g / 4 oz de guisantes congelados descongelados

2 cebollas en rodajas

1 rama de apio grande, en rodajas

1 cucharada de salsa Worcestershire

1 cucharadita de romero seco

700 g / 1¬Ω lb de langostinos grandes, pelados y desvenados

250 ml / 8 fl oz de leche entera

3 cucharadas de harina de maíz

sal y pimienta negra recién molida, al gusto

4 lonchas de tocino, cocidas hasta que estén crujientes y desmenuzadas

Combine el caldo, los tomates, la salsa de tomate, las papas, los guisantes, las cebollas, el apio, la salsa inglesa y el romero en una olla de cocción lenta de 5,5 litros / 9 Ω pinta. Tape y cocine a temperatura alta durante 4/5 horas, agregando las gambas durante los últimos 15 minutos. Agregue la leche y la harina de maíz combinadas, revolviendo durante 2-3 minutos. Sazone al gusto con sal y pimienta. Espolvorea tocino en cada tazón de sopa.

Sopa De Salmón Y Pimientos Asados

El salmón se combina con maíz dulce y se sazona con chile, comino y orégano para un festín fabuloso.

Para 4 personas

225 g / 8 oz de maíz dulce, descongelado si está congelado

450 ml / ¬æ pinta de caldo de verduras

2 papas medianas, peladas y en cubos

2 pimientos rojos asados, picados

¬Ω,Äì1 jalape√ ± o u otro chili medio picante, finamente picado

2 dientes de ajo machacados

1 cucharadita de semillas de comino

1 cucharadita de orégano seco

350 g / 12 oz de filete de salmón grueso, sin piel y en cubos (2,5 cm / 1 pulgada)

sal y pimienta negra recién molida, al gusto

Combine todos los ingredientes, excepto el salmón, la sal y la pimienta, en la olla de cocción lenta. Tape y cocine a temperatura alta durante 4-5 horas, agregando el salmón durante los últimos 15 minutos. Sazone al gusto con sal y pimienta.

Sopa De Pescado De Bermudas

Con laurel y tomillo, y un buen toque de salsa Worcestershire, esta sopa es ciertamente de sabor robusto.

Para 6

1 litro / 1 ¬æ pintas de caldo de pescado

400 g / 14 oz lata de tomates pera, picados en trozos grandes, con jugo

75 ml / 2 Ω fl oz de salsa de tomate de tomate

2 corvejones de cerdo ahumados pequeños

550 g / 1¬º lb de patatas, peladas y en cubos

2 cebollas picadas

1 rama de apio grande, picada

1 zanahoria grande, picada

¬Ω pimiento verde picado

2 Ω cucharadita de salsa Worcestershire

2 hojas de laurel grandes

¬Ω'Äì¬æ cucharadita de tomillo seco

1 cucharadita de curry en polvo

450 g / 1 libra de filetes magros de pescado como eglefino, bacalao, merluza, merluza, en cubos (2,5 cm / 1 pulgada)

sal y pimienta negra recién molida, al gusto

Combine todos los ingredientes, excepto el pescado, la sal y la pimienta, en una olla de cocción lenta de 5,5 litros / 9 Ω pinta.

Tape y cocine a temperatura baja durante 6 a 8 horas, agregando el pescado durante los últimos 15 minutos. Deseche los corvejones de cerdo y las hojas de laurel. Sazone al gusto con sal y pimienta.

Sopa De Salmón Fresco Con Patatas

El salmón tiene un buen sabor que es perfecto para sopas finas como esta.

Para 4 personas

750 ml / 1¬º pintas de caldo de pescado

550 g / 1¬º lb de patatas, peladas y en cubos

2 cebollas picadas

¬Ω cucharadita de polvo de mostaza seca

¬Ω cucharadita de mejorana seca

450 g / 1 libra de filete de salmón grueso, sin piel y en cubos (2,5 cm / 1 pulgada)

250 ml / 8 fl oz de leche entera

2 cucharadas de harina de maíz

sal y pimienta blanca, al gusto

Combine el caldo, las papas, las cebollas, la mostaza y la mejorana en la olla de cocción lenta. Tape y cocine a temperatura alta durante 5-6 horas. Procese la sopa en un procesador de alimentos o licuadora hasta que quede suave. Regrese a la olla de cocción lenta. Agrega el salmón. Tape y cocine a temperatura alta hasta que el pescado esté cocido, 10-15 minutos. Agregue la leche y la harina de maíz combinadas, revolviendo durante 2-3 minutos. Sazone al gusto con sal y pimienta blanca.